Historia de Japón

De la prehistoria hasta la actualidad

por Marina Aicega

ÍNDICE

Introducción

Marco Polo fue el primero en mencionar en sus escritos el territorio japonés de Asia Oriental alrededor del año 1300. Zipango (el nombre medieval de Japón en Europa) era en su mente una tierra rebosante de oro, plata y perlas. Este y muchos otros misterios persistieron hasta la llegada real de los primeros trotamundos de Europa. Japón era la belleza lejana que había que explorar.

Hoy en día, a Japón le gusta presentarse ante el público como una unidad. Sin embargo, se puede intuir la complejidad de su cultura rápidamente si se considera la extensa área geográfica (377 835 km²) sobre la que se extiende el país. Por lo tanto, las diferencias en cuanto a la religión, el idioma y la gastronomía son indispensables. Además, las diversas zonas climáticas que abarca Japón también contribuyen a la diversidad del país.

Japón es una tierra fértil. Se compone de vastos paisajes montañosos, abundantes aguas y de una flora y fauna únicas. Las cuatro islas principales de Hokkaido, Shikoku, Kyushu y Honshu forman el territorio nacional. La isla más grande, Honshu, alberga alrededor del 80 por ciento de la población total y representa la zona económicamente más fuerte de Japón, debido en parte a la región de Tokio/Kanto.

Debido a las numerosas erupciones volcánicas, a los tsunamis y terremotos, Japón es un país que debe estar preparado para las catástrofes, algo que quedó demostrado, entre otras cosas, por el desastre nuclear de Fukushima (2011). La razón se debe a las cuatro placas tectónicas que unen Japón, y la cantidad de tremendos seísmos, que afortunadamente pasan desapercibidos la mayor parte del tiempo, están a la orden del día japonés por esta ubicación geográfica. En ocasiones, se pueden alcanzar una magnitud de hasta nueve en la escala de Richter y se puede avisar a la población con suficiente antelación gracias a la tecnología avanzada. El método de construcción de las casas japonesas se ha adaptado a las condiciones geográficas y, por lo tanto, ofrece una buena estabilidad. Además, los ciudadanos japoneses adquieren conciencia desde pequeños acerca de cómo comportarse ante situaciones de emergencia.

Japón está situado en el llamado «anillo de Fuego del Pacífico», un cinturón geográfico formado por volcanes que rodea el Pacífico por tres lados. Como la mayor parte de Japón tiene una costa de aguas profundas, el peligro de tsunamis aumenta de forma drástica. Las grandes aglomeraciones urbanas alrededor de Tokio se deben a esta estrecha zona de asentamiento.

El tiempo japonés comienza con el período Kofun (alrededor del año 300 al 552 d.C.). Japón mantenía estrecho contacto con sus vecinos de China y Corea, y surgió el imperio. Sin embargo, la prehistoria del país también refleja acontecimientos importantes que refuerzan el entendimiento cultural japonés. Aquí es importante distinguir entre las tradiciones mitológicas y las tradiciones documentadas. Además, existen diferentes resultados de investigación basados en fuentes y fechas distintas.

El siguiente texto ofrece una introducción al consenso científico de la historia japonesa en su estado actual. Se examinan las diferentes épocas, desde los tiempos prehistóricos hasta los modernos, por sus peculiaridades y su explosividad con respecto al desarrollo de Japón. Además, el texto ilustra los efectos de la historia en la estructura social y económica japonesa. El Japón de hoy es el último tema de esta introducción. Finalmente, nos centramos en una perspectiva del futuro de Japón, con posibles problemas derivados del presente.

Prehistoria (hace unos 30.000 años hasta el 300 d.C.)

Período Jomon

La historia de Japón comenzó con los habitantes de la Edad de Piedra que llegaron a los archipiélagos japoneses hace unos 30.000 años. Antes de la Edad de Hielo, las cerca de 8.500 islas todavía eran accesibles para los humanos a través de las conexiones existentes con el continente. Este hecho cambió con el aumento del nivel del mar, lo que llevó a Japón a la ubicación geográficamente aislada que aún existe hoy en día. La civilización de la Edad de Piedra, que se inició al final de la última glaciación, se llama cultura Jomon.

El pueblo primitivo de los ainu no comenzó a habitar plenamente Japón hasta 15.000 años después de la Edad de Piedra, al que siguieron los mongoles de Asia Central. Al principio, existía una coexistencia pacífica entre ambos pueblos, pero la propagación de las hambrunas se convirtió en un problema para los ainu quienes, en gran parte, fueron expulsados de su hábitat por los mongoles, y así surgieron disputas entre los dos grupos étnicos.

Los ainu arraigaron sus ritos religiosos en su creencia en la naturaleza. En este sentido, se pueden reconocer los primeros comienzos de un arquetipo de sintoísmo, ya que los ainu adoraban a un gran número de deidades diferentes, las llamadas «kamuy». Elementos como el fuego y el agua, pero también las fuerzas meteorológicas como el relámpago y el trueno, fueron atribuidos a un dios, al igual que los animales y las plantas. La espiritualidad de este pueblo estuvo acompañada de un gran respeto por la naturaleza y, según la fe de los ainu, los dioses protegían las montañas, los bosques y las aguas.

La población del joven Japón vivía en gran medida aislada del mundo exterior y sobrevivían como recolectores, cazadores y pescadores. También practicaban la alfarería, que en la actualidad se conoce con el nombre de cerámica Jomon. El término «Jomon» significa «decoración de cordón cuerda» (Jomon). Al estampar una cuerda sobre la superficie de la arcilla todavía maleable, se creaban los típicos patrones de esta cerámica parecidos a las llamas.

Período Yayoi (300 a.C. - 300 d.C.)

En el año 300 a.C., los primeros inmigrantes coreanos llegaron en masa al país. Trajeron por primera vez a Japón el cultivo de arroz y otros tipos de agricultura, así como caballos y ganado. El cambio social tuvo lugar al principio en el norte de la isla principal de Kyushu y luego se extendió al Sinaí. En Kanto y en Hokkaido, todavía estaba presente la cultura Jomon.

Y otra innovación llevó a Japón a una nueva era de herramientas y armas de metal, bronce o hierro. Estos últimos se exportaban desde Corea a través de un primer comercio internacional. Con el cultivo de arroz también se empezaron a utilizar diversos sistemas de riego para los campos, así como para las urbanizaciones locales. Con este fin, los japoneses construyeron fosos que regularmente inspeccionaban los habitantes de las inmediaciones para comprobar su buen funcionamiento.

Los hábitos en la producción de arte musical cambiaron durante el período Yayoi, y se abandonaron los elaborados patrones de llamas de las cerámicas de Jomon. Se requería más simplicidad y elegancia, cambio que puede explicarse por la fuerte influencia coreana en Japón.

La sociedad japonesa también se transformó como resultado de la influencia que China y Corea ejercieron sobre Japón, y así surgieron las primeras jerarquías sociales.

La estructura básica de la sociedad Yayoi consistía en una combinación de tres estratos: los Uji en primer lugar, luego los Be que les obedecían y, finalmente, los leales sirvientes Yatsuko.

La clase más poderosa de esta época era la de los Uji. Como sugiere la traducción análoga del término (clan, familia), este grupo social estaba formado por familias y clanes unidos y reconocía a sus ancestros comunes, los «Uji-gami». Con su influencia en la política, pero también con su riqueza, sobre todo en el sentido de posesiones rurales, los Uji representaban a la clase alta de Japón. El «Uji no kami», el mayor, asumía el papel principal dentro de la familia más respetada. Los miembros de otros clanes Uji también tenían que obedecerle.

A lo largo de la historia, algunos clanes Uji reivindicaron el monopolio de poder sobre otras familias vecinas. Estas jerarquías son vistas por los historiadores como una forma incipiente de la política local, ya que dieron lugar a diferentes competencias.

Los Be eran supuestamente trabajadores libres, pero comprometidos con los Uji. Los «Kakibe» (trabajadores) se ocupaban sobre todo de la agricultura, del cultivo del arroz y de la pesca. Obtenían ingresos para su propio uso y el de sus superiores, pero los Be también podían funcionar como empleados del estado: intérpretes, autores y adivinos eran las profesiones que practicaban.

Los Yatsuko eran la subclase social del todavía joven Japón y representaban a los esclavos. Como sirvientes de los Uji, pertenecían a los no libres. Desde un punto de vista histórico, alrededor del cinco por ciento de la población en ese momento correspondía a los Yatsuko y solían ser utilizados por sus amos para hacer recados.

Antigüedad (300 - 1192 d.C.)

Período Kofun (300 – 538)

Los grandes túmulos funerarios sintoístas («Kofun») simbolizan un impresionante testimonio de la antigüedad japonesa. Un ejemplo es la tumba del emperador Nintoku-Tenno (313-399).

El centro de poder predominante durante el período Kofun se encontraba en la provincia de Yama-to, que estaba situada en la actual prefectura de Nara. Fue aquí donde se difundieron las características básicas del sistema social feudal de tres niveles. Poco a poco, este desarrollo se extendió por todo Japón.

Clan Yamato

El término Yamato («gran armonía») tiene un significado complejo e importante para los japoneses. En general, se refiere al Japón antiguo con sus características culturales específicas. Pero Yamato es también una expresión del dominio de las antiguas familias influyentes, que iba más allá del ámbito de influencia del emperador.

En el período Kofun se produjo un cambio en la sociedad de Yamato. Las enemistades entre las familias Uji no podían resolverse de forma adecuada, y el budismo abrió una gran brecha entre los clanes más poderosos de la época, la familia Soga, los Mononobe y los Nakatomi.

Familia Soga

Los miembros de la familia Soga eran considerados particularmente influyentes en la antigüedad japonesa. También se referían e ellos como los verdaderos cerebros de la política japonesa de la época. En sintonía con el budismo, la familia Soga avivó el conflicto con otros clanes japoneses, sobre todo con la familia conservadora Nakatomi.

Como una de las familias más poderosas de los Uji, asignaron como líderes a los más mayores de su estirpe (O-omi), quienes también estaban autorizados a dar instrucciones a las otras familias. En el año 540 d.C., Soga no Iname fue el primer Soga líder en ser nombrado. Sus dos hijas se casaron con el emperador Kimmei Tenno (509-575).

La tarea principal de la corte de Yamato para los Soga era supervisar la importación y la exportación, pero también el almacenamiento de los pagos de tributos. De este modo, los Soga recopilaban ideas útiles sobre las relaciones de política exterior de Japón, China y Corea. Otras responsabilidades incluían decisiones sobre la sucesión de los gobernantes, acciones del gobierno y política exterior.

Alrededor del año 522 d.C. surgió el budismo, ya que la religión tenía el potencial de expandir el poder político de los Soga. Se frenó la supremacía previa del sintoísmo, con sus numerosos dioses, porque Buda fue clasificado como una autoridad más poderosa. El budismo debilitó a las otras familias, como el clan Mononobe, que estableció su poder y rango en la sociedad militar a través del origen de los dioses sintoístas.

La disputa por la religión, especialmente a nivel político, duró décadas y fue una época turbulenta para Yamato. En el año 587 d.C., los Soga derrotaron a los Mononobe. El budismo no tenía rival en esta posición como religión del estado y, durante los siguientes 70 años, estableció el clan

Soga como el mayor gobernante de los Yamato, ya que estos sustentaron su liderazgo a través de teorías budistas.

La introducción del budismo fue suprimiendo el rito sintoísta de las tumbas Kofun. Algunos nobles y el pueblo en general siguieron erigiendo los túmulos hasta el siglo VII. A pesar de ello, el período Kofun fue históricamente sustituido por el período Asuka en el año 538 d.C.

Período Asuka (538 – 710)

Las primeras influencias lingüísticas, como la escritura china, llegaron al territorio japonés con el budismo. A través de la introducción de un sistema tributario y de una administración centralizada, Japón adquirió las primeras características de un sistema estatal basado en el modelo chino.

Asuka-kyo fue la ciudad donde residió la emperatriz Suiko (554 - 628), sobrina de la familia Soga, durante esta época, quien fue representada por el regente Shotoku-Taishi (574 - 622) en todos los asuntos de estado.

El poder del gobierno continuó disminuyendo cada vez más debido a las fuertes familias nobles. Un estado de ánimo de agitación se extendió en Japón: el pueblo exigía reformas.

Si hubiera dependido del regente Shotoku-Taishi, el antiguo orden social de los tres estratos debía haber llegado a su fin. En el año 604 d.C., proclamó la primera constitución japonesa, que constaba de 17 artículos, para hacer de Japón una monarquía con estructura oficial.

Él mismo se designó descendiente directo de la diosa del sol «Amaterasu» con el nombre de

«Tenno» (hijo del cielo). Este título imperial tuvo su origen en China y sigue siendo válido hoy en día.

En el 607, a pesar de su título sintoísta, el emperador declaró que el budismo era la religión principal de Japón. Poco tiempo después, mandó construir el primer templo budista en la isla de Honshu. En la corte se produjo una importante innovación: los cargos oficiales ya no se obtendrían por herencia, lo que debilitó a la nobleza en poco tiempo.

Los académicos viajaron al país vecino, con lo que Shotoku-Taishi esperaba aprender más sobre la religión y la política del país. Esto fortaleció la alianza cultural entre ambos países y ayudó a Japón a adoptar una nueva orientación política.

Shotoku-Taishi murió en el año 622, sumergiendo a Japón en nuevos disturbios que propiciaron el fin del imperio de la familia Soga. La familia Nakatomi tomó el control de Japón con Nakatomi no Kamatari (614 - 669 d.C.) y el Príncipe Naka-no-Oe (más tarde Tenji-Tenno) bajo el emperador Kotoku. El acercamiento de la política japonesa al modelo chino continuó con ellos y la reforma Taika se introdujo en el 645.

Reforma Taika (645 – 702 / 718)

La reforma Taika transformó el estado en un órgano centralizado. Japón se convirtió en una monarquía absolutista, fiel al modelo chino de las dinastías Sui y T'ang. Las innovaciones más importantes para los ciudadanos fueron, entre otras, la introducción del censo anual chino, una nueva clasificación de la nobleza y la abolición de los grupos no libres, como por ejemplo los Yatsuko.

El censo anual, que se hizo efectivo después del cambio de divisa, se modificó con el cambio de trono, aunque también con malos presagios.

Según la reforma Taika, la propiedad privada de la tierra debía transferirse al gobierno, pero esto no impidió que el clero y la nobleza siguieran expandiendo aún más sus propiedades y ganando poder. Fracasó en la ejecución a nivel nacional por parte del gobierno central.

El propósito de las reformas era asegurar la supremacía absoluta del emperador. Con este fin, los funcionarios de mayor rango se vieron obligados a jurar lealtad incondicional al emperador gobernante. En el sentido de un señorío feudal, las tierras podrían otorgarse a la nobleza para su uso por parte del tenno.

También con China como modelo, la reforma introdujo un nuevo régimen fiscal. Además, la capital de Japón se trasladó a Naniwa (Osaka).

Durante el período Asuka, se crearon las primeras colecciones de leyes. Dos de ellas, el Código Taiho (701) y el Código Yoro (718), fueron adoptadas casi sin cambios desde China. La integración en Japón fue difícil, pero estas leyes se aplicaron por primera vez en todo el imperio japonés, lo que debía promover el desarrollo de un gobierno central fuerte.

A pesar de los cambios deseados con la ayuda de la reforma Taika o de los 17 artículos, que se alejaban del dominio aristocrático, el estado y las estructuras sociales de la cultura de Yamato persistieron hasta los tiempos modernos. En particular, las familias originales de la clase Uji mantuvieron a sus mayores como líderes y mediadores entre clanes rivales.

Código Taihō (701)

El Código Taihō lleva el nombre del lema de la era Taihō, que se aplicó del 701 al 703. Como resultado, se modificó la estructura de la corte imperial y se crearon dos secciones: una se ocupaba de los asuntos religiosos y la otra de los asuntos mundanos. El área de Jingi-Kan (sección divina) se trasladó a la del Daijo-Kan (fracción secular). Interesante es la fuerte conexión del Jingi-Kan con el sintoísmo. El budismo y sus templos no eran administrados por él, a diferencia de los santuarios sintoístas con sus ceremonias religiosas asociadas.

El llamado consejo municipal se ocupaba de las tareas seculares del gobierno en el marco del Daijo-Kan. El jefe del consejo era el canciller (Daijo-Daijin). El consejo de la ciudad estaba formado por varios ministros que eran nombrados alternativamente por los ocho ministerios. Además, el consejo incluía cuatro consejeros grandes (Dainagon) y tres consejeros pequeños (Shonagon), quienes se mantenían contacto con el canciller.

Además, el Código Taihō define las distintas funciones y responsabilidades del ministerio. La división del Imperio de Japón en varias provincias se estableció por escrito. Cada provincia recibía un gobernador que se encargaba de las tareas políticas y administrativas. Una provincia estaba formada por diferentes distritos que, a su vez, nombraban un funcionario que se ocupaba de los asuntos gubernamentales de la zona. Estos incluías la recaudación de impuestos, la documentación de la población local y su distribución de la tierra. La población del distrito podía estar formada por un máximo de 50 familias, cada una de las cuales volvía a contar con un jefe.

Con la introducción de una casa de la moneda, la nueva emperatriz Gemmei-tenno (660 - 721), la cuarta hija de Tenji-Tenno, ayudó a Japón a conseguir una nueva moneda que consistía en monedas de cobre y plata.
En el 708, la capital se trasladó de nuevo, esta vez a Heijo-kyo (Nara). Nara iba a seguir siendo la sede de la corte imperial durante los próximos 75 años, ofreciendo al pueblo japonés una cierta estabilidad política.

Período Nara (710 – 794)

Nara fue nombrada como la primera capital permanente de Japón por la 43ª emperatriz. Con un creciente interés por la poesía, así como por la artesanía exquisita relacionada con la cerámica y la seda, en esa época se desarrolló una gran variedad de arte y de artículos japoneses que todavía se pueden encontrar en muchos museos hoy en día.

En la construcción de la nueva capital, también se siguieron los modelos chinos, en este caso de la ciudad de Chang´an. Las provincias circundantes de Nara estaban conectadas por una red de carreteras de nueva construcción. Como resultado, el área controlada por el emperador se amplió, ya que se había mejorado la infraestructura gracias al aumento de la movilidad, por ejemplo, de los funcionarios imperiales.

La población de Nara se incrementó drásticamente y los registros documentan cifras de unos 200.000 ciudadanos.

Para la gente común, la creencia en el sintoísmo al igual que en la agricultura continuaron siendo pilares importantes de la sociedad, pero las influencias chinas, sobre todo con respecto a la escritura japonesa, no podían pasarse por alto. El período Nara es la época de la literatura y la poesía japonesas. La historia de los emperadores, junto con su larga línea de antepasados, se registró por escrito y se solían emplear caracteres chinos de la escritura kanji para ello.

El budismo se ancló en la vida cotidiana con la construcción de templos financiados por el Estado. Los diversos ritos, de las dos religiones dominantes, se entremezclaban especialmente en las regiones rurales.

El segundo sucesor de Gemmei-tenno, su nieto Shomu-tenno (701 - 756), siguió defendiendo el budismo mediante donaciones a los monasterios de Nara. Además, estableció varias escuelas que se ocupaban de la difusión del budismo entre el pueblo llano. A pesar de ello, existía una brecha entre la población urbana y la rural. Los habitantes de las ciudades, en su mayoría eruditos, podían estudiar en China con un permiso especial de salida y, por lo tanto, tenían mayor acceso a la educación. Pero el pueblo llano no recibía ningún privilegio de este tipo.

Konin-tenno (709 - 782) reinó como descendiente de Tenji-Tenno entre 770 y 781. Contrarrestó el poder del emperador, que había sido recuperado en cierta medida por la reforma Taika, atribuyendo la propiedad de las tierras a la nobleza. Con este propósito, en un principio quería asegurar la lealtad dentro de la nobleza, pero de ese modo solo perdió más parte de su propia soberanía.

Desde el punto de vista militar, hubo importantes innovaciones para el Imperio de Japón en el 792. Se reclutaron nuevos soldados de las filas de la baja nobleza para contrarrestar los disturbios en el norte y el este de Japón, desencadenados por el pueblo de los Emishi (o Yezo) que vivían en esas regiones.

Pueblo Emishi

El grupo étnico del noreste de Japón era enemigo del estado de Yamato. Desde un punto de vista científico, no está claro si los emishi son descendientes de los ainu. La propagación de las estructuras de poder de Yamato obligó a los emishi a alejarse cada vez más de su hábitat original.

Las batallas que los emishi emprendieron principalmente por los bienes, la comida y su supervivencia duraron hasta alrededor del año 800 d.C.. El pueblo de Yamato quería exterminar a los emishi y casi lo lograron. Algunos sobrevivientes se rindieron y pudieron seguir viviendo, pero su resistencia no terminó allí, e incluso mucho tiempo más tarde se produjeron luchas con los japoneses del imperio de Yamato. Lentamente pero con seguridad, el pueblo de Yamato comenzó a infiltrar a los emishi, de modo que finalmente perdieron su independencia y tuvieron que integrarse en la estructura estatal de Japón.

Hacia el final del período Nara, la capital de la corte imperial se reubicó de nuevo después de mucho tiempo. En el 784 el gobierno se trasladó a Nagaoka, solo para trasladarse a Heian-kyo (Kyo-to) diez años más tarde, marcando el comienzo del Período Heian.

Período Heian (794 – 1192)

El Período Heian se considera el apogeo cultural de Japón, ya que la cultura japonesa se diferenciaba cada vez más de China. La política se desligó gradualmente del budismo, pero aún no se esperaba una separación final.

El Período Heian puede dividirse en un período temprano y uno tardío. El período tardío de Heian también se llama período de Fujiwara en la literatura histórica.

El monje japonés Kukai (774 - 835), también conocido como Kobo-Daishi, es una figura venerada en la historia religiosa japonesa. Con sus viajes a Shingon en China, que se remontan al año 806 d.C., es uno de los mayores mediadores de la cultura religiosa china en Japón. Allí llegó a conocer la forma del Budismo Vajrayana y lo introdujo en el Imperio de Japón.

Los mandalas constituyen una parte importante de la religión de la escuela shingon, lo que también tuvo un efecto en la arquitectura de sus lugares de culto que tenían elementos especialmente simétricos. El templo de Muro-ji del siglo IX es el más parecido a este estilo arquitectónico, ya que los japoneses también se inspiraron en la arquitectura china.

La emancipación cultural de Japón de China tuvo su origen en el período Heian, ya que tanto el idioma japonés como la escritura, sobre todo en los círculos académicos, se iban estableciendo cada vez más.

Kanbun, un lenguaje intelectual, escrito en kanji, fue reemplazado por Kana, cuyos caracteres representaban una forma simplificada de kanji. Kana se subdivide en los tipos de letra Hiragana y Katakana, que todavía se conocen hoy en día. En la actualidad, el hiragana se utiliza junto con el kanji como una de las escrituras habituales en Japón, mientras que el katakana se emplea a menudo para palabras extranjeras y préstamos. En ese momento, hiragana era la escritura de las mujeres nobles, y Katakana la escritura de los hombres. Dado que ambas escrituras consisten en caracteres silábicos, el lenguaje hablado se podía documentar bien con ellas. Esto cambió la literatura japonesa al crear nuevos géneros.

Los waka eran poemas japoneses escritos en la lengua vernácula de la época con caracteres de hiragana. Disfrutaron de una gran popularidad como alternativa a los poemas en chino y trataban en su mayoría el tema del amor.

Hay dos tipos de waka: tanka y haiku.

La tanka contiene cinco líneas con un número fijo de sílabas y el haiku consta de tres líneas y es una clase de poema muy estética. Además del amor, trata de la naturaleza y del mundo emocional del autor.

Este waka abrió nuevas posibilidades sobre todo a las mujeres de la sociedad japonesa, ya que podían expresarse públicamente con este tipo de poesía. Damas de la corte, así como varias «concubinas» del emperador japonés, recibieron voz de esta manera.

Estos desarrollos también fueron promovidos por cortesanos masculinos, así por ejemplo, el Emperador Uda (867 - 931) estaba muy abierto a la poesía de las mujeres de su corte.

Asimismo, los típicos dibujos japoneses tuvieron su origen en el período Heian: los llamados emaki. Con una gran influencia de los pergaminos budistas, crearon incluso nuevas oficinas: la Jisha edokoro (oficina de arte del templo) y Kyutei edokoro (oficina imperial de pintura). Como miembros de estas oficinas, los artistas contratados se ganaban la vida haciendo emakis para la nobleza de la corte, aunque los laicos también tuvieron la oportunidad de formarse como pintores de emaki en la corte imperial.

El período Heian tardío

La familia Fujiwara tuvo una gran influencia en la política japonesa en el período Heian porque era descendiente directa de la poderosa familia Nakatomi. El Emperador Tenji (626 - 672) dio al clan su nuevo nombre mientras moría.

Su influencia comenzó con la incorporación de Nakatomi no Kamatari (614 - 669) al gobierno del período Asuka. Entre sus rivales se encontraba el clan Tachibana. Los Fujiwara se infiltraron en la corte imperial a través de la formación de útiles lazos familiares.

A finales del período Heian, los clanes Minamoto y Taira dominaban la aristocracia japonesa.

El clan Minamoto incluía sobre todo a los hijos de la familia imperial que no eran elegibles para la sucesión al trono, y se les dio el mismo apellido para la simplificación burocrática. Lo mismo sucedió con los miembros del clan Taira. El conflicto surgió cuando el Emperador Toba (1103-1156) y el Emperador Sutoku (1119-1164) residieron en la corte con el emperador Konoe (1139-1155) al mismo tiempo. Después del asesinato de Konoe, no estaba claro quién debía subir al trono. El clan Minamoto apoyaba a Sutoku, mientras que los Taira eran partidarios de la opinión de Toba de que Go-Shirakawa (1127 - 1192) debía convertirse en el nuevo emperador japonés. Los reinos familiares estaban intrincadamente entrelazados porque el emperador Toba era el padre de Sutoku y Go-Shirakawa. Cuando Toba murió, se formaron dos bandos y estalló una guerra civil. Las batallas fueron libradas por samuráis elegidos por las propias familias.

Los Minamoto habían sufrido grandes pérdidas después de la rebelión de Hogen, que tuvo lugar en Kyoto en 1156. Los Taira pudieron asegurarse un lugar en la corte del emperador y continuar con la política del clan Fujiwara. Pero los sobrevivientes de la familia Minamoto aún no estaban dispuestos a aceptar la derrota, y algunas batallas y una segunda guerra civil en 1159 fueron las consecuencias de un acto de venganza. Aunque los Minamoto tuvieron éxito, los Taira lograron mantener su posición de poder en el gobierno japonés. No fue hasta comienzos de la Edad Media, en 1185, cuando los Minamoto ganaron la batalla de Danoura asegurando así asegurar parte de su poder.

La Edad Media (1192 – 1603)

Con el nombramiento de Minamoto no Yoritomo (1147 - 1199) como el primer Shogun en 1192, Japón comenzó la Edad Media. Esta época estuvo marcada por muchas batallas en torno al poder, la religión y la reivindicación territorial. El emperador se sometió a la nobleza guerrera y solo tenía voz formal en los asuntos de gobierno. Dependiendo de la ciudad de residencia del shogun, la Edad Media japonesa se divide en el período Kamakura, el período Muromachi y el período Azuchi-Momomaya.

Shogunato (1192 – 1868)

El término shogun puede traducirse como comandante militar. Esta nueva agrupación social expulsó a la nobleza de la corte de su supremacía y llamó a los miembros de la nobleza guerrera a la escena.

El emperador fue sometido extraoficialmente a los shogun desde 1192 hasta 1868. El shogun, jefe de la nobleza guerrera, gobernó Japón casi por completo durante toda la Edad Media hasta principios de la era moderna. Las rivalidades con la degradada nobleza de la corte y los seguidores del emperador dominaron la época.

Hasta principios del siglo XVII, esta complicada estructura de poder supuso una época de incertidumbre para la población japonesa. Los shogun luchaban entre ellos para mantener sus posiciones de poder y se enredaban en batallas cada vez más intensas.

Los samuráis

Los samuráis pertenecían a la caballería japonesa y estaban sujetos al shogun. También formaban parte de la aristocracia guerrera (Buke), que se oponía a la nobleza de la corte (Kuge).

Originalmente, el ejército japonés estaba formado por reclutas campesinos, pero entonces cada vez más hombres de la nobleza rural de la clase baja se empezaron a alistar para el servicio militar. Surgieron peligrosos y brutales luchadores con su propio código de honor, e históricamente también se han demostrado revueltas contra los propios amos.

La razón del aumento de poder de los samuráis se debe a la forma de manejar la propiedad de la tierra en aquel entonces. Al principio, la nobleza de la corte concedió a los samuráis propiedades y tierras para que pudieran ser protegidas y administradas por ellos. A nivel regional, el feudo de los samuráis se hizo cada vez más importante, puesto que ellos eran el contacto local para todos los asuntos imperiales. Como resultado, se formaron varios monopolios de poder alrededor de provincias individuales.

El cargo del emperador perdió importancia y poder a través de los shogun. Su trono seguía ocupado, pero estaba claro que la verdadera responsabilidad de la política japonesa recaía extraoficialmente en el comandante de guerra y sus samuráis.

En la Edad Media, se hizo más frecuente el encuentro de los japoneses con los europeos que exploraban los océanos del mundo. En el período entre 1500 y 1550, los primeros europeos también viajaron a las islas japonesas. Marinos portugueses y misioneros introdujeron el cristianismo en Japón. Algunas personas influyentes se convirtieron, entre ellos Daimyoo Oda Nobunaga, uno de los shogun más importantes, quien luego adoptó una actitud hostil hacia el budismo y destruyó muchos de sus templos.

Período Kamakura (1192 hasta 1333)

La ciudad portuaria de Kamakura, situada al sur de Tokio, representó la sede del gobierno del shogun hasta principios del siglo XII.

La corte imperial, situada en Heian-kyo, perdió su poder a largo plazo. Sin embargo, a través de una política matrimonial inteligente, la familia Fujiwara encontró los medios para seguir participando en los asuntos políticos importantes. El resto de la corte pudo conservar su función representativa, religiosa y cultural. La tarea del emperador era confirmar formalmente las innovaciones políticas del Shogunato.

En 1274, los mongoles atacaron Japón por primera vez, mientras que China y Corea ya habían ocupados. Una segunda invasión se inició en 1281, aunque el peligro pudo ser superado con éxito por el ejército japonés en las dos ocasiones.

Sin embargo, el actual Shogunato estaba tan debilitado por los ataques que los rivales de su propio país vieron su oportunidad. En 1336, la familia Ashikaga se convirtió en el nuevo líder, y Kyoto volvió a ser la capital de Japón.

Los sistemas de poder dispersos ayudaron al budismo a encontrar nuevas formas de extenderse por todo Japón. Llegaron varias enseñanzas al país y nació el «nuevo budismo». Honen (1133-1212) fue una de las personalidades más controvertidas de la historia religiosa japonesa porque sus seguidores mostraron poca tolerancia hacia otras ramas budistas. Difundió las nuevas teorías junto con Shinran (1173 - 1262), desarrolló las enseñanzas de Honen y fundó la escuela Jodo Shinshu. Hasta el día de hoy, su escuela ofrece la base de las enseñanzas budistas en Japón.

El budismo se abrió a las amplias masas. Se desarrollaron enseñanzas sencillas y comprensibles, incluido el amidismo como la forma de interpretación más importante.

El amidismo

Esta reforma budista ya se originó en el período Heian, en el llamado budismo Tendai. El amidismo se basa en la creencia en Amida y su tierra pura. En esta rama de la religión también había variaciones y, así, dentro del amidismo, se desarrollaron diferentes grupos cuyo núcleo consistía en los mismos escritos religiosos.

El amidismo interpretaba la vida cotidiana de la población japonesa en un nivel inteligible y religioso, y así también contribuía a que la gente sencilla consiguiera una mayor espiritualidad, lo que también explica la popularidad de esta religión. Se predicaba deliberadamente en lugares públicos para llegar a todas las clases.

No osbtante, también surgió una forma radical de amidismo que se intentó parar haciendo que cada creyente confesara la versatilidad de las escuelas budistas. Si uno no lo hacía, no podía esperar ninguna tolerancia de los demás. Los seguidores de esta fe fueron etiquetados como fundamentalistas y parcialmente ajusticiados.

Honen y Shinran consideraron crítica la orientación radical del amidismo, ya que como verdaderos creyentes de Amida debían respetar todas las direcciones religiosas, pero tuvieron que soportar las consecuencias de este desarrollo al ser exiliados durante varios años.

Los campesinos y los miembros de la nobleza terrateniente más baja instrumentalizaron la religión para llamar la atención sobre los agravios de su forma de vida. Organizaron revueltas y exigieron reformas a la rígida estructura social y a la nobleza de la corte.

Los shogun y la población urbana acomodada convirtieron su fe en el budismo zen y tuvieron poco contacto con el amidismo.

Período Muromachi (1338 – 1573)

El período posterior de Muromachi resultó ser una época particularmente inestable y turbulenta para Japón: hubo una guerra civil entre el norte y el sur como resultado de la distribución desigual del poder entre los samuráis, el emperador y la adinerada elite del país.

Con la entrada de los europeos, también llegaron las primeras armas de fuego a Japón que, finalmente, obligaron a los samuráis a dejar el servicio activo. El clan Ashikaga se hizo cargo del shogunato durante este período.

Después de que los samuráis ya no pudieran participar en las batallas, se dedicaron a las artes, y promovieron sobre todo el teatro. La transformación de los samuráis a un grupo social de inspiración intelectual originó la educación de diferentes tradiciones, firmemente enraizadas en la cultura japonesa hasta el día de hoy. Las ceremonias del té se actualizaron como rituales importantes en su sentido social. Estaban pensadas como formas de meditación para liberar la mente humana de todas las perturbaciones de la vida cotidiana.

Los seguidores de los monasterios budistas también tuvieron la oportunidad de realizar viajes comerciales a China. China exportaba sus productos a Japón, como cerámica, libros y telas de seda. Los conocimientos chinos sobre artesanía, economía y política eran llevados a la corte japonesa por parte de los viajeros y se empleaban.

Asimismo, se modificó la estructura social japonesa. Dentro del país, se formó una clase media acomodada que residía principalmente en la ciudad y se desarrolló un sistema de arrendamiento compuesto por el sakunin (arrendatario) y el gesakunin (subarrendatario). Esta nueva jerarquía disgustaba a las clases más bajas y, junto con las despiadadas luchas de poder perdido dentro de la nobleza, fueron sobre todo los campesinos los que lucharon contra la gran pobreza.

El período Sengoku (1467 – 1573)

En el año 1467, se inició el «período de los estados en guerra» (Sengoku-jidai) que duraría unos 100 años. El clan Ashikaga perdió mucho poder al principio de este período. Entre 1467 y 1477 tuvo lugar una guerra civil en Japón: la guerra de los Onin. Las disputas se intensificaron entre los diferentes clanes que administraban sus tierras. Kyoto se vio gravemente afectada por los combates, y Japón se dividió en muchas provincias distintas gobernadas por príncipes independientes (Sengoku-Daimyo). Los gobernadores previamente nombrados por el gobierno central ya no eran relevantes, y numerosos conflictos entre los príncipes, cuyo amplio poder se remonta a sus posesiones de tierras, rompieron a Japón en una red difusa de diferentes reivindicaciones territoriales.

Período Azuchi-Momomaya (1573 – 1603)

La reunificación de Japón tuvo lugar durante el período Azuchi-Momoyama. Importantes personalidades de esta época incluyen a Oda Nobunaga, Tokugawa Ieyasu y Toyotomi Hideyoshi, el sucesor de Nobunaga, quienes forzaron la creación de un estado unitario con medios militares.

El nombre Azuchi proviene de la fortaleza militar de Nobunaga. Hideyoshi también vivía en la ciudad de Momoyama.

La fortaleza de Nobunaga se adaptó en su diseño a los cambios militares que trajeron las armas de fuego europeas a Japón. El príncipe, que tomó Kioto en 1568, reforzó su influencia al sustituir al shogun del clan Ashika-ga por Yoshiaki, un miembro amigo de la nobleza militar. También fue capaz de imponerse con éxito contra otros príncipes de la región y concluir así con éxito el período Sengoku.

Nobunaga estaba en guerra con los monasterios budistas. Cuando comenzó a destruir templos, los otros monasterios, aunque tenían sus propias fuerzas militares, se vieron obligados a someterse a él. De esta manera, se debilitó en gran medida el poder de los monasterios en todo el país.

En 1573, Nobunaga privó del poder al shogun que él mismo había designado para poner fin al shogunato por el momento.

El período Azuchi-Momoyama estuvo marcado por la violencia y la guerra. El control dictatorial de Nobunaga trajo consigo muchas batallas y muertes.

En 1582, murió en extrañas circunstancias. Hideyoshi, de origen más pobre, se convirtió en el sucesor de Nobunaga y el trabajo de su vida fue continuar con el plan de Nobunaga de un Japón unido. Heredó un poder militar impresionante: el ejército de más de 230.000 soldados intimidó a muchos príncipes hostiles. Con la última batalla en 1590, Hideyoshi había completado con éxito la unificación de Japón. Después de este logro, Hideyoshi estaba dispuesto a devolver las tierras a los príncipes en el sentido de una estabilización política interna y así darles un cierto margen de poder. Se introdujeron nuevos impuestos y se dividieron las propiedades entre sí.

Sin embargo, esto no condujo a una solución definitiva de las disputas, ya que los estratos más bajos de la población estaban en el punto principal de resistencia. La intervención de Hideyoshi obligó a los campesinos a regresar a sus aldeas.

Los samuráis que hasta entonces habían quedado relativamente impotentes y sus shogun ahora tenían la tarea de asegurar la paz en Japón y detener las revueltas.

La megalomanía de Hideyoshi fue bastante evidente en sus intentos de conquistar países vecinos, como Corea y China, por medio de tropas militares. De este modo, provocó disturbios en las zonas fronterizas hasta su muerte en 1598.

Su sucesor fue Tokugawa Ieyasu, un comandante militar de sus propias filas. De esa forma, la nobleza guerrera recuperó su supremacía y un nuevo shogun se estableció como jefe de gobierno. El período de dominio de los Tokugawa fue muy largo para las circunstancias de la historia japonesa: durante casi 200 años gobernaron el país. El estilo político de Tokugawa Ieyasu puede describirse como moderado, en total contraste con sus predecesores. Japón comenzó a estabilizarse de nuevo tanto a nivel interno como en la región fronteriza.

Momoyama se convirtió en una ciudad de comercio y cultura. Portugal demostró ser un socio comercial leal, pero los portugueses también perseguían su propia agenda religiosa. Los marinos que residían en Japón comenzaron a hacer proselitismo en pequeñas partes de la población campesina. Alrededor de 1582, el cristianismo contaba con unos 150.000 miembros en la sociedad japonesa. Desde que una pequeña parte se convirtió al catolicismo fundamentalista, la actitud japonesa hacia los visitantes europeos cambió rápidamente y las consecuencias fueron las persecuciones y ejecuciones.

Edad Moderna

Período Edo (también: período Tokugawa, 1603 – 1868)

Tokugawa Ieyasu volvió a trasladar la capital japonesa, esta vez a Edo (hoy Tokio), y marcó así el inicio del período Edo, la primera era moderna de la historia japonesa. Después de una época de disturbios y guerras civiles, finalmente siguió un largo período de paz y, al mismo tiempo, este fue también el período de aislamiento de Japón.

Durante 200 años, Japón se mantuvo aislado del mundo (Sakoku). Solo los chinos tenían la excepción de quedarse en el país y los japoneses que vivían en el extranjero tenían que quedarse allí; de lo contrario, en su país de origen se enfrentarían a la pena de muerte. Tampoco se permitía a los ciudadanos salir del país.

Para los cristianos en Japón, los peligros se volvieron más críticos. Mientras tanto, la religión occidental contaba con 500.000 miembros. El miedo a la persecución y a la ejecución formaba parte de la vida diaria de un cristiano japonés. Estaba justificado: en torno a 1603, las ejecuciones llevaron a una extinción casi completa de la religión en el territorio japonés.

El período Edo fue la época del desarrollo urbano. Muchas ciudades, con Edo a la cabeza, expandieron y desarrollaron una infraestructura estable. Se amplió la red de carreteras y se construyeron escuelas y templos. La población de Tokio por aquel entonces aumentó rápidamente y, en comparación con otras grandes ciudades, se esperaba que alcanzara un millón de habitantes en 1721. La favorable ubicación de la ciudad fue sin duda una de las razones de su rápido crecimiento. La bahía de Edo estaba bien protegida y la ciudad estaba lo suficientemente lejos del peligroso interior de Japón. Así, por ejemplo, las incursiones del pueblo mongol eran casi imposibles.

Todas las rutas comerciales de Japón se encontraban en la zona de Edo, lo que también fue motivo de la reubicación de la capital. Como tantas veces, la nobleza y la población urbana se beneficiaron más de estas innovaciones. Los vasallos se hacían cada vez más ricos y los pobres del país cada vez más pobres.

Las estructuras económicas cambiaron y provocaron malestar entre la población. Los impuestos eran muy altos y por eso había revueltas aisladas de campesinos. Y surgió una nueva sociedad estamental.

El sistema de cuatro clases

La clase alta estaba formada por los samuráis, que en ese tiempo eran conocedores de las bellas artes y raramente participaban en el servicio militar. Fueron divididos entre la nobleza de la espada y la guerrera y gozaban de gran prestigio. Curiosamente, los campesinos (Hyoku-sho) pertenecían a la clase media porque producían sus propios productos. Aquí se muestra una gran diferencia en el modo de pensar occidental: los productores de arroz recibieron muchos honores porque garantizaron uno de los pilares más importantes de la sociedad japonesa, el arroz como alimento básico. De esta forma, en la jerarquía de las ocupaciones se tuvo en cuenta el carácter indispensable de ciertas obras que debían realizarse en beneficio de todos. Los artesanos (Shokunin), como alfareros y tejedores, pertenecían a la clase media baja. Los comerciantes y mercaderes (Akino) eran miembros de la clase baja, ya que solo vendían los bienes y no los producían ellos mismos. A pesar de su posición inferior, los comerciantes disfrutaban de una creciente prosperidad debido al intenso comercio en las ciudades. Los mercaderes de la ciudad también se llamaban Chonin.

Como los Chonin querían expandir su comercio internacional, en 1850 surgió un deseo de reformas para poner fin al aislamiento de Japón frente al mundo exterior. Sin embargo, suponía un problema para los shogun gobernantes y, por lo tanto, la deseada apertura de las fronteras no tuvo lugar por el momento. A través de la entrada de comerciantes chinos y holandeses que no tenían ningún interés en el proselitismo de la población japonesa y, por tanto, podían entrar en el país, los Chonin pudieron establecer relaciones comerciales y aumentar su riqueza a pesar de su lejanía con respecto al resto del mundo.

Arte y cultura en el período Edo
La clara división de tareas y la estructura social, junto con el aislamiento internacional, permitieron que el arte y la cultura de Japón se desarrollaran de manera amplia. Los habitantes

de la ciudad eran muy aficionados a las artes, especialmente al teatro japonés (Kabuki).

El teatro de Japón cautiva por su elaborada realización, los llamativos trajes, así como por las influencias musicales y de la danza. Las figuras del Kabuki son ruidosas, expresivas y solo son interpretadas por actores masculinos. El tema principal es la historia de Japón que se lleva al escenario de manera impresionante. Hasta el día de hoy, el Kabuki es considerado un bien cultural japonés y fue declarado Patrimonio de la Humanidad por la UNESCO en 2005.

Sumo

En el campo del deporte, el sumo se extendió por todo el país durante el período Edo y se convirtió en el deporte nacional de Japón. Los primeros combates tuvieron lugar durante el período Nara en el marco de las prácticas religiosas. No fue hasta el período Kamakura que el sumo ganó reconocimiento como arte marcial. Las reglas eran diferentes y causaron una separación del Ju Jitsu, un deporte que era practicado principalmente por los samuráis.

La poesía y la literatura japonesas florecieron durante los tiempos de paz. Se llevaba a la gente con la ayuda de revistas recién introducidas cuyo contenido incluía poemas e ilustraciones de xilografía. Esto tenía lugar bajo los estrictos ojos de los shogun, que observaban críticamente la distribución de revistas de entretenimiento. En el contexto de un nuevo movimiento literario, la escuela Utagawa, una unión de muchos artistas japoneses, se fundó al final del período Edo.

Tuvo unos 400 miembros en su apogeo y acuñó varias técnicas del grabado japonés en madera. Sus obras incluyen carteles publicitarios para el teatro Kabuki y numerosas ilustraciones de libros.

La edad moderna

Período Meji (1868 – 1912)

De 1853 a 1854, Japón se abrió al mundo exterior. Una de las razones fue la llegada de una flota americana a la costa del país bajo el mando del comandante Perry. En 1854 se firmó el Tratado de Kanagawa, que aseguraba el suministro de barcos americanos a dos puertos japoneses. Además, a Estados Unidos se les permitió abrir un consulado, lo que allanó el camino para que otros estados europeos llegaran a Japón. Los intentos de los shogun de interferir con los gobernantes extranjeros fracasaron debido a su inferioridad técnica-armamentística. Después de la apertura, Japón se las arregló rápido para ganar una posición segura en la estructura mundial a diferencia de, por ejemplo, la India, que fue víctima de las potencias coloniales.

El tiempo de los shogun llegó a su fin con la Restauración Meji. Tokugawa Yoshinobu (1837 - 1913) dejó su cargo como último shogun de Japón en 1868. El Emperador Meji (1852 - 1912), de tan sólo quince años de edad, recuperó el poder de su trono. Japón quería parecer soberano ante las potencias europeas y con un liderazgo gubernamental unido. Los shogun, con su forma tradicional de pensar, se interpusieron en el camino de la correspondencia con Europa y tuvieron que ceder. A diferencia de Europa, esto ocurrió sin revueltas ni revoluciones violentas. Para los japoneses, la restauración del mandato imperial se sentía más como un retorno al antiguo orden, de ahí que también se denomine restauración.

Pero la apertura de las fronteras no solo tuvo efectos positivos en Japón. Rápidamente se hizo evidente que las fuerzas armadas japonesas no podían seguir el ritmo de la competencia internacional. Los investigadores debían ahora viajar a Europa para ver la estructura del Estado y su modo de vida. A continuación, le presentaron al emperador las útiles evaluaciones de estas excursiones.

El sistema de cuatro clases llegó a su fin y el sistema tributario se reformó. Los príncipes feudales fueron expropiados y tuvieron que devolver sus tierras al emperador, aunque se les permitió conservar sus puestos como administradores.

Se introdujo la asistencia a la escuela y el servicio militar obligatorios. Esto último significó que el estado de la nobleza guerrera y, por tanto, los samuráis perdieron su poder al final.

Reformas Meji

El modelo político era Prusia, de modo que toda su colección de leyes fue adoptada por los japoneses. La tendencia hacia la disciplina y la uniformidad y los sólidos fundamentos militares de la sociedad cautivaron a los miembros japoneses del gobierno.

Pero el pueblo no estaba de acuerdo con estos acontecimientos y hacia 1870 comenzaron a generarse protestas. El interés por la política parecía reflejarse ahora en la población en su conjunto, y la rebelión por la participación obrera aumentó. Surgieron los primeros partidos populares contra la nobleza que se organizaron la oposición.

La resistencia de la población llevó a una reorganización del aparato estatal. El gobierno creó un parlamento con dos cámaras según el modelo británico, aunque el emperador retuvo el poder ilimitado a pesar de ello. El parlamento servía para fines más representativos y como medio para calmar a los ciudadanos japoneses. Sin embargo, Japón es un ejemplo asombroso de rápida reestructuración de las relaciones de poder con principios democráticos y, por tanto, históricamente posee una característica única.

Constitución Meji

El 11 de febrero de 1889, tras ocho años de preparación, entró en vigor la nueva constitución y Japón se convirtió en una monarquía constitucional.

El traspaso de los cargos gubernamentales e imperiales continuaría sobre una base hereditaria. La constitución solo podía modificarse con la aprobación del Parlamento. La estructura arquitectónica de este, con sus diferentes casas, se describió en detalle. La protección y veneración del emperador constituyen también una parte importante de la constitución.

A partir de ese momento, todos los ciudadanos japoneses fueron libres de profesar su religión y poseer sus propiedades. El sistema tributario y el poder judicial también encontraron nuevas regulaciones.

En 1947, la Constitución Meji se consideró la base para la reforma de Japón después de la Segunda Guerra Mundial.

Modernización de las fuerzas armadas

Las exportaciones de armas ayudaron al ejército japonés a modernizarse pronto durante el período Meji. La rápida adopción de la tecnología moderna permitió a Japón establecerse velozmente como un serio oponente de Europa. Los samuráis no participaron en esta modernización, ya que descartaron las armas de fuego por deshonrosas y, por lo tanto, no tenían ninguna oportunidad contra ejércitos técnicamente avanzados. Este debilitamiento de los samuráis significaba que el emperador no tenía razón alguna para temer cualquier competencia política interna con respecto a su monopolio del poder.

Con su creciente poder militar, Japón empezó a adquirir nuevos territorios. En 1870, el país ocupó grupos de islas cerca de Taiwán y ganó la cordillera Kuril en la región fronteriza rusa.

Cuando Japón se enfrentó a China alrededor de 1890 durante la revuelta de Tong-hak en Corea, comenzó la guerra chino-japonesa que duró de 1894 a 1895. Japón logró adquirir más territorios, como Shantung y Seúl y también pudo anexarse Taiwán.

Rusia se cristalizó como el siguiente gran oponente. De 1904 a 1905 tuvo lugar la guerra ruso-japonesa de la que Japón volvió a salir con territorios recién ganados. Por primera vez, una gran potencia asiática derrotaba a una potencia europea, lo que era muy impresionante para la sociedad estatal internacional y supuso que Japón se ganara el respeto.

Con estos dos éxitos, el estado insular se afirmó en la sociedad internacional y se convirtió en una poderosa potencia imperial.

El período Meji es el tiempo de la industrialización de Japón y se suele citar al país como el único ejemplo no europeo en el que fue posible una revolución industrial en tan poco tiempo.

Desde el punto de vista histórico, a menudo no está claro qué fue lo que originó exactamente las innovaciones industriales en Japón, ya que la agricultura y las nuevas tecnologías sufrieron cambios casi simultáneos. Por lo tanto, la restauración de Meji no es vista por los científicos como una consecuencia de la industrialización sino como una causa.

En lo que respecta a la economía, Japón no parecía poder alejarse de sus familias influyentes: se volvieron a formar monopolios de poder, esta vez en torno a los clanes de Mitsui, Yasuda y Sumitomo. El Grupo Mitsui, que fue fundado en 1947, tuvo sus orígenes en este período y sigue representando a un poderoso grupo de empresas en Japón en la actualidad. La familia Yasuda fundó la Yasuda Mutual Life Insurance Company y el Fuji Bank en 1880. Entre otros, Yoko Ono es una de las representantes más famosas internacionalmente de este clan familiar. Sumitomo Masatomo (1585 - 1652) fundó el Grupo Sumitomo en 1615, un influyente grupo de empresas de la industria minera y siderúrgica que sigue existiendo en la actualidad. En aquellos tiempos no era posible la libre competencia debido a estas supremacías y estos grupos empresariales todavía tienen la expresión Zaibatsu hoy en día. El dinero para la industrialización se recaudaba mediante impuestos y parte de estos importes también se destinaban a las cuentas de los grupos de sociedades mencionados.

Japón importó muchos ingenieros y científicos de Europa para seguir avanzando. Adquirieron sus conocimientos y construyeron prototipos de máquinas propias que eran una versión mejorada de las europeas.

Estas innovaciones económicas estaban financiadas en gran medida por el Estado, aunque también por inversores privados. El sistema es ejemplar para el período de Meji y, aún hoy en día, sigue funcionando a través de las estructuras económicas de Japón.

Período Taisho (1912 - 1926)

El emperador del período Taisho, Yoshihito (1879-1926), era física y mentalmente discapacitado debido a una meningitis cuando era muy pequeño. En la historia, a menudo se le retrata como un emperador débil que solo llenó el período de transición entre el emperador Meji e Hirohito.

Un emperador tan reservado tenía la ventaja de que Japón podía permitirse nuevas libertades culturales. Occidente se fue introduciendo cada vez más en Japón y, de hecho, los estadistas que antes se vestían con trajes tradicionales ahora vestían uniformes militares occidentales.

El período Taisho fue la época del imperialismo japonés. El Tratado de Paz de Versalles transfirió las antiguas concesiones alemanas situadas en China a Japón.

Takashi Hara (1856-1921) fue el primer jefe de Estado de origen burgués y su mandato incluía el primer gabinete formado por partidos. Fue el único Primer Ministro cristiano elegido democráticamente hasta 1954, lo que le ganó muchos enemigos del lado conservador. En 1921, fue asesinado por un asesino nacionalista en la estación de Tokio.

Disturbios por el arroz (julio-septiembre de 1918)

Los disturbios por el arroz fueron causados por una gran discrepancia entre el precio del arroz pagado a los agricultores en comparación con el precio final. La Primera Guerra Mundial y la inflación asociada hicieron que muchos bienes del estado subieran de precio, como arroz como alimento básico, que tuvo el mayor impacto en la sociedad.

La consecuencia fue el aumento de la pobreza y, al mismo tiempo, de la hambruna entre los agricultores, y las protestas exorbitantes no se hicieron esperar. Takashi Hara se benefició retroactivamente de la inestabilidad que reinaba durante los disturbios del arroz en Japón. Su toma del poder fue posible porque no había alternativa al cargo de gobernante y el antiguo gobierno tuvo que renunciar.

Fascinación por el Occidente

Cuando se reconoció que los Países Bajos desempeñaban un papel menor de lo esperado a nivel internacional debido a su tamaño, se recurrió a países europeos más grandes como Alemania o Gran Bretaña. Alemania despertó una gran fascinación, y la lengua y el espíritu alemanes ocupaban un lugar importante en la sociedad japonesa. Algunos filósofos como Immanuel Kant llegaron a las librerías japonesas. La simpatía por la cultura alemana continuó hasta la Segunda Guerra Mundial.

No solo la literatura sino también la pintura estaban fuertemente influenciadas por Europa. El pintor japonés Kobayashi Kiyichika (1847-1915) se orientó hacia la pintura occidental sin dejar de lado tradiciones japonesas como la xilografía.

Los eruditos japoneses descubrieron el humanismo y lo difundieron por todo el país. Se desarrolló un grupo de izquierdas que, entre otras cosas, abogó por el derecho al voto de los hombres. Este movimiento se unió para formar el Partido Socialista de Japón que duró solo un año. A pesar de ello, un pequeño grupo de eruditos radicales de izquierda pudo mantenerse y encontró apoyo sobre todo entre los estudiantes chinos en Tokio. A partir de ahí, comenzaron los primeros planes hacia la revolución china.

Japón en la Primera Guerra Mundial (1914 - 1918)

Durante mucho tiempo, Alemania demostró ser una fuente de inspiración ideal para Japón en lo que se refiere a la política. Sin embargo, la buena relación entre las dos grandes potencias llegó a su fin abruptamente en 1895. El gobierno alemán tenía un gran interés en las zonas de Asia. La península de Liaotung, que Japón reclamó con éxito después de la guerra chino-japonesa, debía ser negada de nuevo al Imperio, ya que Alemania temía que Japón pudiera crecer de una manera peligrosa.

Cuando dos misioneros alemanes fueron víctimas de un asesinato, Alemania tenía suficientes excusas para amenazar militarmente a Japón. El entonces emperador Guillermo II ocupó la bahía de Kiatschou, una parte de la costa este de China, desde el 1 de noviembre de 1897. De este modo, Alemania había tomado el primer territorio asiático situado de manera táctica e inteligente. Pronto, el Imperio Alemán se expandió por el territorio chino alrededor de la base y construyó el puerto de Tsingtao, donde la marina podía atracar y zarpar durante la guerra.

Este desarrollo también disgustó a otras grandes potencias de Europa, especialmente a Inglaterra. Vieron a Japón como un aliado contra los alemanes, por lo que se fundó la alianza anglo-japonesa el 30 de enero de 1902. Gran Bretaña ayudó así a Japón a ostentar una posición más poderosa en la política mundial.

La fuerza militar de Japón aumentó. El entonces ministro Okuma Shigenobu cultivó la relación con Inglaterra porque esperaba más ventajas para el imperio. Entre otros aspectos, esto tenía por objeto estabilizar la política interna y evitar revueltas.

Sin embargo, la alianza con los británicos también implicaba obligaciones. Cuando Inglaterra participó en la Primera Guerra Mundial a partir del 4 de agosto de 1914, Japón debía prestarle su apoyo y lo consideró como una posibilidad de debilitar a Alemania en su posición como gobernante colonial. En este sentido, el ultimátum dado a Alemania el 15 de agosto de 1914 para que retirara todos sus barcos de las aguas de China y Japón debía ayudar.

Los alemanes estaban visiblemente conmocionados por esto: los japoneses los habían adorado una vez y considerado como modelos a seguir. La reputación de Japón comenzó a deteriorarse rápido en el Imperio Alemán, y los japoneses fueron retratados como hipócritas y traidores. El tratado comercial prusiano-japonés, convocado en 1861, fue anulado. Pocos días después, el 23 de agosto de 1914, Japón finalmente declaró la guerra a Alemania y comenzó a asediar el puerto alemán de Tsingtao con la ayuda de los británicos. Esto resultó ser un éxito, ya que Alemania se rindió a principios de noviembre y el país volvió a entregarse a los japoneses. A los ciudadanos alemanes que vivían en Tsingtao se les permitió quedarse allí y trabajar.

Japón también participó en la ocupación de colonias alemanas en el Pacífico que se extendieron por las diferentes islas del océano. A pesar de la presión de los ingleses, aunque también de los franceses, el gobierno japonés no envió tropas directamente a Europa.

Tras la exitosa expulsión de las fuerzas alemanas de las regiones circundantes, Japón se dirigió a sus competidores asiáticos. Medio año después del inicio de la Segunda Guerra Mundial, China recibió 21 demandas del gobierno japonés en las que Japón reclamaba la supremacía económica y política. Dado que China no tenía mucho poder en ese momento, el gobierno de entonces se inclinaba a someterse a las demandas y, por lo tanto, a ser presionado en la posición de una dependencia semicolonial de Japón. En 1916, Japón operó en Asia sin restricciones después del consentimiento chino. El comercio con Mongolia interior y otros socios originalmente dejado a los chinos floreció.

No se olvidó la posición de Japón como socio útil de Alemania en Asia, por lo que los alemanes hicieron todo lo que pudieron para consolidar las relaciones. Sin embargo, una posible paz entre los que alguna vez fueron países amigos fue obstaculizada por Inglaterra.

Al final de la Primera Guerra Mundial en 1918, cuando se convocó el Tratado de Versalles, Japón recibió las islas ocupadas del Pacífico, como las Islas Marshall y Carolinas. Además, Japón no debía superar un determinado tamaño de flota. Estados Unidos había reclamado Guam y la había ampliado como base militar. Después de las negociaciones chino-japonesas, Kiatschou regresó a la posesión de China y Japón canceló entonces sus 21 demandas y le volvió a dejar una mayor soberanía.

La influencia de Japón sobre China continuó. Dado que la entonces Unión Soviética también veía aquí un potencial para sus propios intereses, se clasificó a Japón como un país económicamente especial.

Su alejamiento de los climas locales y su inmersión simultánea en la política colonial fortalecieron en gran parte al país.

Las áreas ocupadas, sobre todo el Tsingtao alemán, demostraron ser muy grandes y tácticamente valiosas. Alemania reclamó toda la provincia de Shandong y este poder recaía ahora en Japón.

El mundo se dividió entre las potencias coloniales: los británicos en el sur y los japoneses en el norte.

Cabe destacar que las pérdidas para el Imperio japonés en relación con la Primera Guerra Mundial fueron en pequeña escala, en comparación con la influencia y el beneficio que el país obtuvo a través de su inteligente política militar, lo que resultó también evidente para las grandes potencias de Europa. Japón se ganó un gran respeto y una base firme en la política mundial de esa época.

Período Showa (1926 - 1989)

El período Showa es la época del emperador Hirohito (1901 - 1989), hijo del anteriormente fallecido Tenno del período Taisho. La traducción de Showa significa «paz iluminada», un término que los japoneses atribuyeron al Emperador de la época como forma de reconocimiento. El reinado de Hirohito fue muy largo y se extendió mucho más allá de la Segunda Guerra Mundial. La política colonial fue seguida a gran escala hasta 1929, cuando la crisis económica mundial también dejó su huella en Japón.

El dominio de los gobernantes coloniales condujo a la expansión del territorio japonés deseada por el pueblo. China tuvo que pagar por esto una vez más y surgió la crisis de Manchuria. Aquí, como tantas veces, los militares japoneses desplegaron su poder sobre el Emperador que era bastante crítico con la guerra. A pesar de ello, su mandato resultó ser muy violento y militarista.

En 1933, Japón se retiró de la Sociedad de Naciones y pudo dedicarse por completo a sus intereses territoriales. Poco antes de la Segunda Guerra Mundial, en 1937, estalló una segunda guerra entre China y Japón. Japón volvió a salir victorioso y abrió nuevos territorios, sobre todo en el sudeste asiático. Se había producido la reconciliación con Alemania y la alianza de tres países, en la que también participaba Italia, selló las relaciones germano-japonesas en torno a 1940, por lo que Japón ya no podía evitar enviar sus tropas al territorio europeo.

La función de Japón en la Segunda Guerra Mundial (1939 - 1945)

El deseo de una buena relación entre los dos países se originó en Japón en la década de 1930. Los frentes con la URSS se habían endurecido y Japón buscaba un socio fuerte para posiblemente tomar medidas militares contra el régimen soviético. Japón perseguía intereses territoriales no solo en el sudeste asiático, sino también en la región fronteriza rusa y más allá, tratando de establecerse como estado insular.

El 25 de noviembre de 1936 se creó el Pacto Antikomintern que iba dirigido contra el comunismo y, por lo tanto subliminalmente, contra la Unión Soviética. Las partes contratantes prohibieron cualquier comercio con la URSS y establecieron una postura neutral en caso de un ataque de la Unión Soviética.

Otros países se unieron a Alemania y Japón, pero no fueron informados de las cláusulas adicionales en el momento de la entrada. Entre estos países se encontraban Hungría, España, Bulgaria, Croacia, Finlandia, Rumania y Eslovaquia.

Por parte del régimen nazi, la alianza con Japón no tuvo gran importancia. Hitler redactó el 22 de agosto de 1939 el Tratado de no Agresión germano-soviético que contenía información muy contraria al pacto acordado con Japón. Sin embargo, el Pacto de los Tres Países y el ataque de la Alemania nazi a la URSS fortalecieron el papel de Japón como socio militar.

Pearl Harbour

La entrada activa de Japón en la Segunda Guerra Mundial se inició con el ataque a Pearl Harbour el 7 de diciembre de 1941 y las batallas se extendieron por el Pacífico. La declaración de guerra a EE. UU. tuvo lugar un día después. Como parte contratante, Alemania le siguió en poco tiempo y también declaró la guerra a Estados Unidos.

A pesar de su alianza, Japón y el régimen del NS nunca lucharon en los mismos campos de batalla. El campo de batalla de Japón se extendió a Asia y el Pacífico, mientras que el régimen nazi luchó en Europa y África del Norte.

Cuando Estados Unidos aumentó sus recursos financieros de manera desorbitada para la guerra alrededor de 1943, Japón no tuvo oportunidad de mantener su posición en el Océano Pacífico. Paralelamente, los estadounidenses lanzaron su ataque contra Normandía el 6 de junio de 1944 que debilitó en gran parte a Alemania y anunció su rendición.

Japón y la URSS finalmente concluyeron un armisticio en 1939 hasta 1945 debido a las fuertes pérdidas en Manchuria. Durante este tiempo, Alemania invadió Polonia.

El número de tropas disminuyó alrededor de 1941 de modo que el Ejército Rojo ya no estaba diseñado para defender zonas cercanas a Japón. En su lugar, Stalin utilizó todas las tropas rusas para defender la capital, Moscú.

Alemania capituló el 8 de mayo de 1945, con lo que los combates volvieron al Pacífico. Japón no siguió al régimen del NS hasta la capitulación, sino que trató de defender aún más sus intereses imperialistas.

El lanzamiento de la bomba atómica sobre Hiroshima y Nagasaki los días 6 y 9 de agosto de 1945 fue uno de los mayores desastres en la historia de Japón. Murieron 200.000 personas y las consecuencias de largo alcance de la radiación todavía son notables en la actualidad. La catástrofe obligó a Japón a rendirse el 2 de septiembre de 1945.

Hiroshima y Nagasaki

Antes de la Primera Guerra Mundial, Hiroshima era considerado el centro económico, cultural y militar de Japón. En las guerras entre Japón y China, así como con Rusia, la ciudad jugó un papel importante como fabricante y proveedor de armas. Construyó varias escuelas militaristas y alcanzó la prosperidad. Esta posición duró hasta la Segunda Guerra Mundial y convirtió a Hiroshima en un objetivo tácticamente atractivo para los oponentes de Japón.

Con el trágico suceso del bombardeo atómico, Hiroshima se convirtió en la primera ciudad de la historia en enfrentarse a tal catástrofe. Como Japón bajo Hirohito no se doblegó ante los aliados, el entonces presidente de Estados Unidos quería obligar al gobierno de Japón a rendirse. Harry Truman prometió al final emplear armas nucleares para este objetivo político y pronto se hizo evidente que Hiroshima sería el objetivo del ataque. El 6 de agosto de 1945, un lunes, fue elegido para ser el día X. «Little Boy», la bomba atómica, explotó por la mañana en el centro de la ciudad cerca de un hospital.

El alcance de la detonación fue horrible. Nunca antes se habían utilizado armas nucleares y la conmoción para los japoneses, así como para el resto del mundo, fue muy profunda. Los daños prolongados causados por la radiación radioactiva continuaron durante décadas. Durante mucho tiempo, el área fue considerada inhabitable y cerca del 70 por ciento de todos los edificios fueron destruidos por completo. Lo que quedaba era un paisaje desértico muerto que recibió el término japonés de Yakenohara.

A pesar de los trágicos acontecimientos, los estadounidenses estaban dispuestos a utilizar la bomba atómica por segunda vez, ya que Japón seguía sin rendirse. Esta vez ocurrió el 9 de agosto de 1945 con el objetivo de Nagasaki.

Japón se rindió oficialmente el 2 de septiembre de 1945. Antes de eso, el emperador Hirohito anunció la noticia al pueblo japonés por medio de un mensaje de radio, lo que marcó la primera correspondencia personal de un emperador japonés con su pueblo. Así se dio por terminada oficialmente la Segunda Guerra Mundial.

A esto le siguió la primera ocupación de Japón por otra potencia mundial: Estados Unidos. Los aliados reclamaron las islas arduamente disputadas por su presencia militar en el Pacífico.

El 3 de noviembre de 1947, fue aprobada la nueva constitución por el emperador Hirohito que todavía existe en la actualidad. Aunque las potencias victoriosas ejercieron su influencia en la estructura de gobierno de Japón, la constitución ha conservado algunos elementos de la Restauración de Meji.

En la nueva constitución, el pueblo japonés tiene plena soberanía, lo que allanó el camino hacia la democracia en Japón, y los derechos humanos también están garantizados por escrito.

A pesar de todos los trágicos acontecimientos en torno a la Segunda Guerra Mundial que debilitaron gravemente a Japón por un lado, el país logró convertirse por otro en la segunda potencia económica mundial después de 1952 al recuperar su soberanía. La ocupación americana de las islas del Pacífico también llegó a su fin.

Japón se unió a las Naciones Unidas en 1956. Además, a finales de los años setenta, la relación con la República Popular de China mejoró drásticamente mediante un tratado de paz. En 1989, Hirohito terminó su mandato con su muerte, pero, incluso hoy en día, el emperador goza de una gran reputación entre el pueblo japonés.

Período Heisei (1989 – hasta hoy)

Japón se encuentra actualmente en el período Heisei, el tiempo de paz. El emperador Akihito (1933*), hijo de Hirohito, hizo de la paz su lema de gobierno.

En el programa de Akihito se condensan, ante todo, grandes esfuerzos por reconciliarse con China y construir una buena relación política. Se trata, además, del primer emperador que visitó la República Popular en persona.

No obstante, Akihito no muestra suficientes remordimientos para muchos estados afectados por las tácticas de guerra de su padre, de las que muchas personas fueron víctimas en la región asiática. Solo las visitas a Hiroshima, Nagasaki y Okinawa son atendidas con regularidad por el emperador, todos ellos lugares donde las víctimas pertenecían en su mayoría al pueblo japonés.

La oficina del Emperador renunció a su divinidad sin explicaciones después de la Segunda Guerra Mundial. El objetivo era convertirse en una forma de gobierno de influencia democrática. Las antiguas tradiciones no deben ser un obstáculo para ello. Akihito es el primer emperador puramente burgués de Japón que intenta expresarlo con una cercanía sin precedentes al pueblo.

La oficina imperial tiene hoy en día una función meramente representativa en Japón.

El jefe de gobierno es el Primer Ministro, el actual Shinzo Abe (21 de septiembre de 1954*). Los demócratas liberales y el llamado Partido Komei están implicados en el gobierno cuya forma es democrática: todos los ciudadanos japoneses tienen derecho a votar después de alcanzar la mayoría de edad.

La democracia japonesa

El parlamento japonés llamado Dieta Nacional (Kokkai) es la autoridad más poderosa del gobierno y consta de dos cámaras: Shugiin, la cámara baja con 475 miembros, y Sangiin, la cámara alta pero con menos miembros (242). La cámara baja es políticamente superior a la cámara alta.

En la mayoría de los asuntos jurídicos, ambas cámaras deben dar su consentimiento y también eligen al Primer Ministro.

Además del Parlamento está el Gabinete japonés, cuyos miembros son elegidos por el Primer Ministro. Los miembros del Gabinete proporcionan los ministros necesarios para los diversos cargos y son ciudadanos comunes. Cada una de las 47 prefecturas de Japón está gobernada por un gobernador que se ocupa principalmente de cuestiones regionales.

Japón tuvo que lidiar con muchos reveses económicos que de manera lenta pero segura lo separaron de su supremacía económica. Mientras tanto, China se ha establecido como un poderoso país emergente en la política mundial y ha superado al estado japonés. La «burbuja económica» llegó a un abrupto final durante la era Heisei.

Burbuja económica

En Japón, en la década de 1980, se produjeron una serie de transacciones especulativas, principalmente en los sectores inmobiliario y empresarial. Se formaron las llamadas «burbujas» dentro de la economía japonesa, aunque estallaron debido a inversiones y financiaciones desproporcionadas. La caída de la bolsa asiática en 1990 es atribuible a la burbuja económica de Japón y ese año marcó así la crisis japonesa.

La crisis, de la que Japón aún no se ha recuperado al 100 por ciento, fue precedida por un importante repunte económico en los años posteriores a la Segunda Guerra Mundial. Japón entró en la economía mundial y su moneda, el yen, adquirió un enorme valor entre mediados de los años setenta y finales de los ochenta.

Japón fue, debido a su innovación y flexibilidad, un socio comercial muy importante para otras potencias económicas mundiales. Entre las industrias líderes se encontraban los sectores eléctrico y de alta tecnología debido a las nuevas tecnologías. La industria automotriz también experimentó un repunte en el comercio de exportación. Gracias a los nuevos conocimientos en la industria manufacturera, Japón pudo producir rápidamente muchos productos, logrando así elevadas cifras de exportación. Los tipos de interés, que en aquel momento seguían bajando en Japón, no eran del todo inofensivos, de ahí que fuera muy fácil obtener grandes préstamos del Banco de Japón a bajo plazo. Los precios de las acciones de compañías y de bienes inmuebles siguieron subiendo en el país, y el resultado fueron las inversiones de empresas japonesas. En particular, las empresas que ya no pertenecían a las más influyentes de Japón intentaron ocupar una nueva posición en la estructura económica.

A finales de la década de los ochenta, la recuperación económica de Japón alcanzó su punto álgido y ningún inversor pensó que terminaría de forma abrupta. El valor de los terrenos y el inmobiliario ha aumentado tanto que incluso ha superado el valor de los bienes inmuebles en Estados Unidos.

El aumento paralelo del desempleo, desencadenado por las políticas de austeridad de las empresas, anunció sin prisa pero sin pausa la crisis japonesa. Los pisos en propiedad eran inasequibles para las familias japonesas con ingresos normales, por lo que el poder adquisitivo de una gran parte de la población se redujo drásticamente. El propio estado también estaba muy endeudado y ya no podía ni siquiera pagar intereses sin hacer recortes de gran alcance en el gasto público.

En 1989, se introdujo el IVA en Japón por primera vez a través de una reforma fiscal con el fin de aumentar los ingresos del gobierno. Los bancos nacionales subieron los tipos de interés por su cuenta para evitar el exceso de inversiones.

La burbuja económica de Japón estalló. La prohibición de préstamos llevó a muchas empresas japonesas a la bancarrota, lo que completó el círculo vicioso de la bolsa de valores japonesa. Los precios de los bienes raíces y de propiedad continuaron cayendo sumergiendo a Japón en una recesión que aún se puede percibir hoy en día.

Japón y la globalización

La recesión cuelga como una pesada capa sobre la economía japonesa que intenta contrarrestarla con nuevos medios. El Primer Ministro japonés, que se encuentra por el momento en su cuarto mandato, es la persona más destacada. Lanzó el programa «Abenomics», que fue diseñado para maximizar el gasto del estado y ayudar a la economía japonesa a crecer.

Para ello, se seleccionaron inversores extranjeros con el fin de estimular el mercado japonés.

En 2012, el índice Nikkei aumentó considerablemente, pero este desarrollo no continuó. El principio de « Abenomics» también incluye la impresión constante de dinero nuevo lo que devalúa aún más el yen. Todavía no está claro si estas medidas conducirán al éxito a largo plazo de la economía japonesa.

En general, se puede decir que las relaciones comerciales entre Japón y el resto del mundo no son una novedad. Ya en la década de 1950, muchas empresas japonesas habían establecido sucursales en Europa para cubrir la demanda local de productos, por un lado, y para ampliar el servicio a nivel internacional, por otro. Sin embargo, en Europa, rara vez se encuentran empresas que se dediquen principalmente a la producción de bienes por parte de los japoneses. La relación económica entre Japón y Europa puede considerarse capaz de desarrollarse. La posición fundamental de Japón en la economía mundial no puede compararse con la presencia de empresas japonesas en Europa.

Japón está ansioso por cerrar las brechas económicas y posicionarse como un socio fuerte de la globalización. El 8 de marzo de 2018, por ejemplo, el país firmó el Acuerdo Transpacífico de Cooperación Económica CPTPP (*Comprehensive and Progressive Trans Pacific Partnership*), que entró en vigor tras la renuncia de Estados Unidos al anterior acuerdo comercial con los Estados del Pacífico. Participan once países, entre ellos Australia, Canadá, México, Chile y Perú. Los aranceles deben reducirse dentro de estas rutas comerciales y suprimirse por completo. Estos acuerdos promueven la globalización, ya que facilitan la expansión de las empresas internacionales en la estructura económica mundial. También se está buscando un acuerdo de este tipo con la UE (JEFTA), que es muy controvertido entre la población alemana con respecto a la protección de los consumidores, por ejemplo.

Además, se celebran reuniones periódicas de los distintos jefes de Estado, como la Cumbre UE-Japón, en la que se debatieron las relaciones comerciales de Japón con la Unión Europea en Bruselas el 6 de julio de 2018.

Fukushima

El 11 de marzo de 2011 Japón sufrió de nuevo una catástrofe nuclear: Fukushima. Debido a un tsunami devastador cuya magnitud fue claramente subestimada, combinado con un terremoto de magnitud 9, falló la energía en la planta de energía nuclear de Fukushima. Las varillas de combustible no se pudieron enfriar lo suficiente y siguió la temida fusión de núcleo. Muchos voluntarios ayudaron con el trabajo de limpieza en condiciones que ponían en peligro la vida, lo que demostró la lealtad de los japoneses hacia su propio pueblo.

Por segunda vez en la historia de Japón, extensas zonas residenciales fueron aniquiladas y una vasta zona del país se volvió inhabitable. 18.000 personas perdieron la vida o desaparecieron. Los ríos de la región están contaminados en la actualidad, ya que aún no se ha encontrado ningún medio adecuado de purificación.

Durante este tiempo, el gobierno fue claramente criticado por su política de información. Se pasaron por alto los umbrales radiactivos y las personas que vivían cerca de la zona de la catástrofe fueron evacuadas demasiado tarde. Hasta el día de hoy, se desconocen los efectos reales de la radiación radioactiva dejada por Fukushima. Muchas zonas siguen siendo inhabitables y numerosas personas esperan en aldeas de contenedores un posible regreso o reasentamiento.

En marzo de 2018 se produjo la liberación gradual de las zonas contaminadas por radioactividad y, entre otras cosas, Japón volvió a exportar pescado de la zona de Fukushima a Tailandia, ya que los valores límite ya no se superaban. Pero la gente se niega a regresar a las antiguas aldeas por miedo a las consecuencias de la radiación. El trauma que la catástrofe dejó en la mente de las personas está tan presente como siempre. En la actualidad, las zonas siguen estando deshabitadas en gran parte.

La sociedad japonesa de hoy

La sociedad japonesa se caracteriza por una forma de vida urbana debido a la enorme y creciente aglomeración de la metrópoli mundial de Tokio. La región de Kanto representa hoy alrededor de un tercio de la población total japonesa. Tokio es también una de las ciudades más densamente pobladas del mundo. La media se sitúa en torno a las 340 personas por metro cuadrado, y la tendencia va en aumento.

Este desarrollo se ve respaldado por un éxodo rural en constante crecimiento: las tiendas están cerrando en el campo, están surgiendo pueblos fantasmas a medida que la densidad de empleos atrae cada vez más a las nuevas generaciones a las ciudades. Se hace todo lo posible para persuadir a la población joven de que se quede y, mientras tanto, hasta se regalan los bienes raíces.

Japón tiene pocos sistemas de ayuda social para los ciudadanos que no trabajan, lo que aumenta aún más la presión para actuar en la sociedad. En el caso del desempleo, por ejemplo, es común que el Estado pague dos tercios del salario anterior de una persona en concepto de subsidio de desempleo durante un período de tres meses hasta algo menos de un año. En Japón, la asistencia social solo existe para las personas que no pueden trabajar (por ejemplo, debido a una enfermedad crónica) y para los empleados que no tienen derecho a una pensión.

Kaizen

La abundancia de empresas y compañías japonesas también se refleja en la cultura local. El principio del Kaizen, en principio un concepto de gestión de los años noventa, se aplica a todas las áreas de la vida.

Kaizen describe fundamentalmente la mejora continua de un proceso de trabajo. Es irrelevante alcanzar la perfección porque el objetivo es la optimización gradual del producto final. Los trabajadores japoneses desean transferir esta actitud a su nivel de vida. Así, la filosofía empresarial se extiende a la vida cotidiana que puede verse en el comportamiento respetuoso de los japoneses en público.

Las empresas europeas también hicieron uso de este principio y lo utilizan en la actualidad para la gestión general de la calidad.

Cambio demográfico, familia y estilo de vida

Al igual que en Alemania, el cambio demográfico (Koreika) hacia una sociedad más vieja está muy presente en Japón. La carga de la seguridad social es enorme a largo plazo. Por esta razón, se insta a Japón, al igual que a Alemania, a desarrollar nuevos sistemas para prevenir la pobreza en la tercera edad.

El aislamiento de la sociedad también es un problema que se refleja drásticamente en la sociedad japonesa. Cada vez menos familias y más solteros están promoviendo el cambio demográfico. El símbolo familiar está cambiando: en el pasado, eran principalmente los familiares los que cuidaban a sus familiares mayores, pero hoy en día existe una gran demanda de enfermeros capacitados.

Japón tiene muchos modelos de vida diferentes, algunos de los cuales son vistos de forma crítica. Por un lado, destaca el modelo «Salary (wo)man». Esta mujer o este hombre, después de graduarse en la universidad, busca trabajo en varias empresas grandes. La especialidad en la que se obtuvo el título tiene una importancia secundaria en este caso, ya que los graduados están formados en flexibilidad interdisciplinaria.

Cada tres años se planifica un cambio de lugar de trabajo. La cultura empresarial del futuro empleador se imparte a los que inician su carrera en diversos seminarios.

El objetivo es ascender todo lo que sea posible. En los puestos de dirección se reduce la carga de trabajo y tanto la reputación como el salario aumentan de manera considerable. En Japón, este estilo de vida lineal se considera particularmente seguro, pero no muy individual. Los jóvenes no tienen oportunidad de tiempo libre creativo para conocerse a sí mismos y conocer sus deseos e intereses. Las consecuencias son el aumento de la depresión y la soledad porque con esta carga de trabajo hay poco tiempo para los amigos y la familia. Esta separación da lugar a frecuentes divorcios en el país, sobre todo al entrar en la edad de jubilación, ya que la mujer tiene seguridad financiera con la mitad de la pensión de su marido.

La fuerte ética del trabajo, por la que Japón es conocido sobre todo a nivel internacional, da paso en la actualidad principalmente a un deseo cada vez mayor de la generación más joven hacia un mayor equilibrio. La mejoría de la compatibilidad de la familia y el trabajo es un objetivo que el país debería abordar a largo plazo de forma absoluta, con el fin de evitar un nuevo descenso de la tasa de natalidad. Las empresas extranjeras también podrían ocupar el lugar de las empresas japonesas debido a un ambiente de trabajo familiar. Muchos jóvenes japoneses buscan empleo en una empresa con condiciones de trabajo menos estrictas para garantizar su calidad de vida.

Esta vida planeada, que sigue siendo el ideal en Japón, se vio acompañada de un contramovimiento a finales de los años ochenta: el llamado Furita. Este estilo de vida está simbolizado por los constantes cambios, los trabajos temporales, que a menudo no son remunerados de manera lucrativa. Los furita prefieren trabajar en el comercio minorista o la gastronomía , ya que hay una gran rotación de la mano de obra en estas áreas y, por lo general, no es necesaria una formación especial. Los furita tienen pocas oportunidades de mantener a una familia económicamente. El resultado es un empobrecimiento adicional de la población joven de Japón, pues el dinero no suele ser suficiente para sus propias necesidades.

Emancipación de la mujer

La igualdad entre hombres y mujeres es difícil en Japón. A las mujeres japonesas solo les suelen quedar trabajos sencillos, como las «mujeres del té» o las secretarias. La mayoría de los puestos directivos están ocupados por hombres. Es muy difícil conciliar tener hijos y trabajar en Japón, ya que el trabajo a tiempo parcial es muy inusual y no está muy bien considerado. El gobierno japonés se dio cuenta de este problema social a mediados de los años ochenta y la primera ley sobre igualdad entre hombres y mujeres entró en vigor en 1985. Sin embargo, no dio muchos frutos y las mujeres japonesas siguen ganando menos que los hombres. La decisión entre la carrera profesional y la familia es, como siempre, un problema que las mujeres japonesas inevitablemente tienen que enfrentar en el curso de sus vidas. La aceptación de una mujer trabajadora por parte de los hombres es limitada. La distribución clásica de los roles es el ideal social y es preferida por los hombres como modelo familiar. Las mujeres deben tener un buen certificado de estudios, pero después del matrimonio deben cuidar ante todo de sus hijos y del hogar. Muchas mujeres japonesas que quieren romper con este concepto obsoleto tienden a tener una relación con un hombre extranjero porque son considerados más tolerantes y abiertos en la sociedad japonesa.

Un matrimonio concertado por los padres no es poco frecuente en Japón, si los hijos no consiguen encontrar una pareja adecuada a los 30 años. El poder de decisión que los padres todavía tienen sobre sus hijos es característico de las estrictas estructuras en las que crece un joven japonés.

El suicidio y la sociedad japonesa

Debido al aislamiento de la sociedad y a la creciente presión laboral, especialmente sobre la generación joven, el número de suicidios en Japón está aumentando de manera drástica. Las cifras documentadas de otras enfermedades mentales, como por ejemplo el síndrome de desgaste profesional, también están aumentando sobre todo entre los círculos de gerencia. Los estudios actuales de la OMS (Organización Mundial de la Salud) son alarmantes: el suicidio se ha convertido en la principal causa de muerte entre niños y adolescentes en Japón.

La increíble presión de rendimiento que los japoneses ya tienen que soportar en la escuela tiene un efecto temprano en la psique. En la escuela secundaria, uno de cada cuatro niños es diagnosticado con depresión. Además, existe un enfoque muy cerrado de las emociones y el sufrimiento que no se abordan de manera abierta en Japón. Las fuertes jerarquías de las escuelas japonesas, a veces impuestas a la fuerza, son un secreto a voces y contribuyen a crear un entorno tóxico para los niños.

Migración

En el siglo XX, Japón era considerado un país de emigrantes. Casi un millón de japoneses abandonaron su patria en ese momento por razones económicas. EE. UU. era un destino popular de migración. Después del *Gentleman Agreement*, que se creó en 1908 y regulaba la inmigración a América, los japoneses viajaron principalmente a Brasil y Perú para establecer una nueva existencia.

La migración es un tema que no tiene una gran plataforma en Japón y el cambio demográfico inició un replanteamiento. En el pasado, solo se permitía la entrada al país a especialistas extranjeros cualificados y por un período limitado de tiempo. Ahora Japón está comenzando a abrirse lentamente y facilitando un proceso de migración mucho más sencillo. La proporción de extranjeros en Japón sigue siendo baja y en la actualidad solo representa alrededor del 1.7 por ciento de la población total. Muchos inmigrantes vienen de China, Brasil o Filipinas y proporcionan la mano de obra que se necesita de forma urgente en el sector de la atención y la salud. Es evidente que la historia ha dado forma a este sector y, en este contexto, los años de aislamiento del país en particular. El trato con los extranjeros en Japón hoy en día es difícil y no hay mucha tolerancia.

A pesar de la actitud distanciada de los japoneses hacia otros grupos de población, las estancias en el extranjero son obligatorias sobre todo para los estudiantes de buenas familias. Regresar de estancias relativamente cortas es más fácil que para los que crecieron en otro país. Las muchas formas de cortesía social, ritos y tradiciones aplicadas de manera subliminal suelen hacer que la integración sea muy complicada. El gobierno reconoció el problema y trató de establecer nuevas regulaciones para facilitar el comienzo de las familias japonesas que regresan reduciendo la burocracia, por ejemplo, a la hora de solicitar una plaza en una universidad japonesa.

Mangas, cosplay y cía.

Japón se caracteriza por una dualidad. Las rígidas estructuras de la sociedad, a menudo percibidas desde el exterior como frías, son atravesadas por un expresivo movimiento juvenil. La fascinación por los mangas, los cómics japoneses, llega hasta Alemania. Los trajes asociados que se exhiben en los distritos de Tokio, como Akihabara como parte de Cosplay, se han convertido en parte de una nueva cultura japonesa.

Los jóvenes se identifican con las diversas figuras del manga, que tienen sus orígenes en la mitología griega, la vida cotidiana, la ciencia ficción, pero también en el antiguo imperio japonés. Las posibilidades son ilimitadas y da como resultado una mezcla a veces curiosa de diferentes formas de vestimenta, lo que sugiere una cierta apertura hacia otras culturas y tradiciones.

Como dibujante de cómics japoneses, a veces se puede acumular una fortuna considerable. La profesión es muy apreciada en Japón, sobre todo porque la técnica pictórica tiene su origen en las tradicionales xilografías y los pergaminos de imágenes de la época. A través de la venta de sus cómics y comercialización adicional, como figuras de acción, videojuegos, DVD y música, artistas como Naoko Takeushi (Sailor Moon, 1992) y Akira Toriyama (Dragonball, 1984) ganaron millones.

Los fans de esta cultura de la escena se llaman a sí mismos «Otaku». Esta pasión puede llegar a extremos y reunir a expertos en diversas áreas temáticas. Con la ayuda de este movimiento colorido, alegre y creativo, los japoneses han logrado relativizar su imagen de los siempre trabajadores en la sociedad internacional. Para muchos lectores occidentales, los mangas y los animes (películas animadas que se suelen basar en mangas) ofrecen una ventana a la cultura japonesa que de otro modo no les habría interesado. El resultado es un creciente interés en el mundo occidental por el estilo de vida japonés.

Japón y Corea del Norte

A medida que la relación crítica entre Estados Unidos y Corea del Norte intensificaba la situación general de seguridad en Asia, Japón discutió posibles inversiones en la defensa militar del país en 2017. Hasta ahora, el Estado ha estado ansioso por mantener su postura pacifista y defensiva para no violar su propia constitución. Sin embargo, esto podría cambiar con el cuarto mandato del actual Primer Ministro. Mayor margen de maniobra para los militares japoneses es solo una de las muchas demandas de Abe que determinarán el trato que se dará a Corea del Norte en el futuro.

Para que Japón pueda oponerse con confianza a la política nuclear de Corea del Norte, Shinzo Abe tiene la intención de ampliar la cooperación con grandes potencias como China, Estados Unidos y Rusia. El objetivo principal es asegurar la paz en la región asiática con la ayuda de negociaciones diplomáticas. Los japoneses son muy críticos con el impredecible jefe de gobierno norcoreano.

Conclusión

Esta introducción tenía la intención de resumir los puntos esenciales de la historia japonesa de manera descriptiva y presentar una visión general. Es imposible comprender plenamente todos los factores que podrían ser relevantes para la historia del país.

Se ha destacado la profunda conexión de Japón con su historia y el orgullo que une al pueblo japonés. Desde la antigüedad hasta la época de los shogun y emperadores, pasando por los tiempos modernos, el estado insular ha absorbido muchas influencias y tradiciones diferentes, ya sea a través de religiones como el sintoísmo o el budismo, así como de los influyentes clanes familiares de la Edad Media hasta nuestros días. Es interesante destacar que estas estructuras familiares de poder han permanecido de manera moderna hasta los tiempos contemporáneos, si se considera el Zaibatsu que tiene su origen en los clanes de la tardía Edad Media japonesa.

A pesar de muchos conflictos dentro del país, se desarrolló una sociedad unificada y cohesiva que actualmente vive una era pacífica sin conflictos excesivos. Las ideas pacifistas, como parte de la constitución, distinguen al Japón actual de muchas otras superpotencias.

Hoy en día, Japón no solo se caracteriza por su lealtad a la tradición histórica. La juventud japonesa aporta un soplo de aire fresco a las estructuras sociales conservadoras. Su expresiva cultura pop es conocida en todo el mundo y está acompañada de una gran fascinación, ya sea a través de cosplay, manga o karaoke. En todo el mundo, Japón ganó simpatía e interés entre los jóvenes por su cultura escénica. La exportación de alimentos tradicionales, como el sushi, también ofrece una ventana al mundo asiático que fuera una vez tan aislado. Japón goza de una popularidad cada vez mayor entre los turistas.

Muchos factores hacen de Japón el país que es hoy: lleno de contrastes, económicamente fuerte y con mucho potencial. A pesar de la gran influencia de China y Corea, el estado insular logró construir su propia identidad y diferenciarse del resto de Asia.

La velocidad con la que Japón se convirtió en una potencia económica dejó claro el ánimo de cambiar dentro del país. Las innovaciones, sobre todo en el campo de la tecnología, son muy apreciadas en el mercado internacional. Japón es una autoridad estatal con un punto fuerte único en la historia del mundo. Los altos estándares médicos y los salarios medios relativamente buenos hacen de Japón un hogar atractivo para los jóvenes profesionales.

Queda por ver si las políticas del Primer Ministro Shinzo Abe pueden sacar a Japón de la recesión. Sin embargo, con la creciente popularidad de los japoneses hacia Occidente y su forma de vida, existe una gran tendencia a la globalización en cualquier caso. La economía también parece estar recuperándose: en 2018, la subida del yen es una previsión generalizada entre los expertos financieros. Las empresas japonesas también están registrando grandes éxitos y, actualmente, mantienen el índice nikkei en buen rumbo. Japón podría estar en el proceso de superar a China en su rápida expansión.

El cambio demográfico es en la actualidad el problema más amenazador del país. La tasa de mortalidad sigue siendo superior a la de natalidad. Si esto no cambia, la población japonesa podría reducirse drásticamente en las próximas décadas. Con el gran número de personas mayores en comparación con los niños, los japoneses pueden ser descritos como un grupo de población en peligro de extinción. En este sentido, es importante que se creen medios para ampliar la infraestructura para las familias y también para que las mujeres trabajadoras puedan conciliar mejor la vida familiar y el trabajo. Una apertura creciente hacia la migración y la crisis de los refugiados puede ayudar a Japón a tener perspectivas más esperanzadoras para el futuro. Un enfoque más abierto de las enfermedades mentales también debería estar en el programa si se quiere mejorar la salud general de la población japonesa de forma sostenible.

Todavía no está claro cómo evolucionará la situación en Asia con respecto a Corea del Norte. Japón se esfuerza por representar una autoridad militar fuerte en el continente para defender la paz duradera. Para Occidente, este tipo de alianza consolidada sería una ventaja en términos de la incertidumbre de la política norcoreana.

La relación con EE.UU. es un factor de futuro importante para Japón y la política mundial. Donald Trump y Shinzo Abe estuvieron de acuerdo en su reunión en Washington a principios de 2017. La actitud conciliadora del Primer Ministro hacia el controvertido presidente estadounidense puede considerarse como un paso inteligente en la relación comercial entre Japón y Estados Unidos. Abe anunció que quería invertir aún más en EE.UU. y defender la seguridad del Pacífico junto con Trump. Todavía se desconoce cómo las ideas de los jefes de estado afectarán en última instancia a las comunidades de las naciones.

La excursión a la historia de Japón nos ayudará a comprender mejor la cultura y las costumbres del estado insular asiático. El pueblo japonés sobrevivió a muchas crisis y por ello mantuvo cierta serenidad respecto a los problemas actuales de la política mundial. Las relaciones de poder inicialmente difusas han llevado al país a una forma de estado justificada en términos democráticos sin control externo. Esto convierte a Japón en un modelo interesante de desarrollo estatal para historiadores y politólogos.

Marina Aicega

Aviso legal

Todos los contenidos de la obra están protegidos por derechos de autor. Queda prohibida la reimpresión o reproducción, total o parcial, así como el almacenamiento, procesamiento, la duplicación y distribución con la ayuda de sistemas electrónicos, en su totalidad o en parte, sin el permiso escrito del autor. Todos los derechos de traducción reservados.

El contenido de este libro ha sido investigado en fuentes reconocidas y verificado con sumo cuidado. Sin embargo, el autor no asume ninguna responsabilidad en cuanto a la actualidad, exactitud e integridad de la información proporcionada.

Se excluyen las reclamaciones de responsabilidad civil contra el autor que se refieran a daños de naturaleza física, material o ideológica, ocasionados por la utilización o no utilización de la información proporcionada, o bien por el uso de información incorrecta e incompleta, a menos que se demuestre falta intencional o negligencia grave por parte del autor. Este libro no es sustituto del asesoramiento ni de la asistencia médica o profesional.